Cymru 1

Sioned V. Hughes

caa

PRIFYSGOL ABERYSTWYTH

Cyhoeddwyd gan y Ganolfan Astudiaethau Addysg, Aberystwyth (www.caa.aber.ac.uk)

Noddwyd gan Lywodraeth Cymru.

Cyhoeddwyd dan nawdd Cynllun Adnoddau Addysgu a Dysgu CBAC.

ISBN: 978-1-84521-504-0

Golygwyd gan Delyth Ifan
Dyluniwyd gan Gary Evans
Argraffwyd gan Argraffwyr Cambria

Diolch i'r canlynol am ganiatâd i atgynhyrchu delweddau:

Topfoto (t. 4)
Photolibrary Wales (tt. 4, 5, 10, 11, 12, 14)
Iestyn Hughes (tt. 7, 8, 9, 11, 12, 14, 17)
Fflur Pughe (t. 11)
iStockphoto (t. 13)
Ian Davies (t. 14)
Comisiwn Brenhinol Henebion Cymru – CBHC (t. 18)

Diolch i Ysgol Cae Top, Bangor, Ysgol Plascrug, Aberystwyth ac Ysgol Ponthir am dreialu'r deunyddiau.

Diolch hefyd i Sasha Butler, Carwyn Jones ac Eryl Jones am eu harweiniad gwerthfawr.

Cynnwys

Ble mae Cymru?

Ble mae Cymru? **Ewrop**

Beth ydy Cymru? **Gwlad**

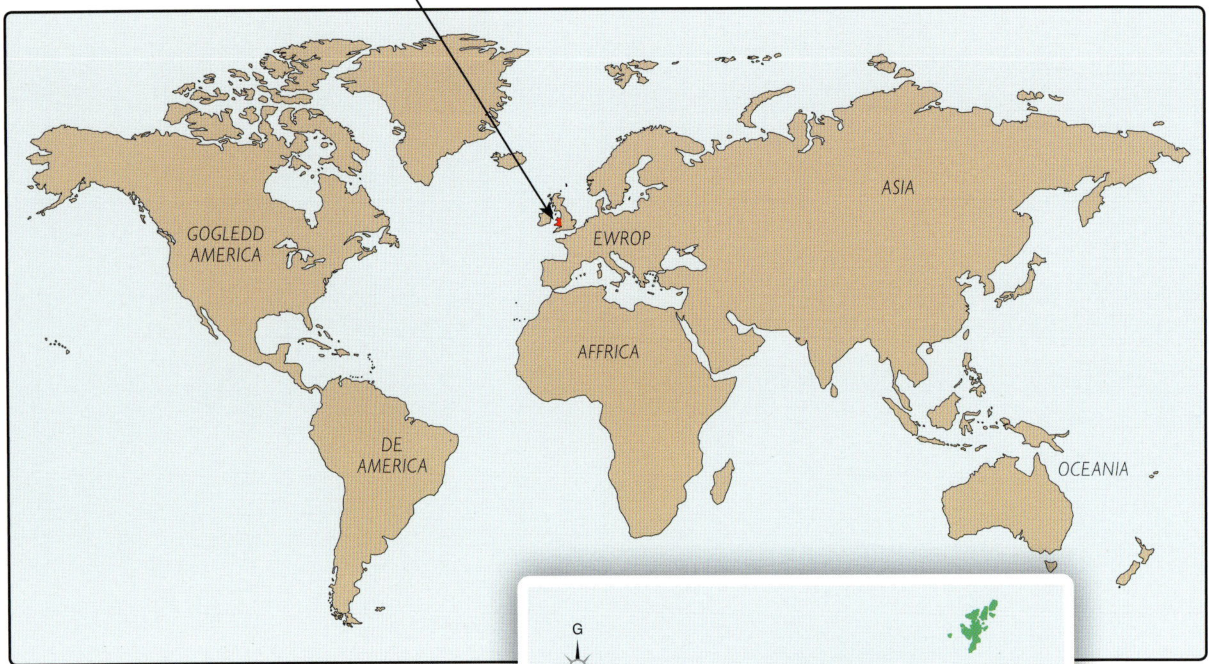

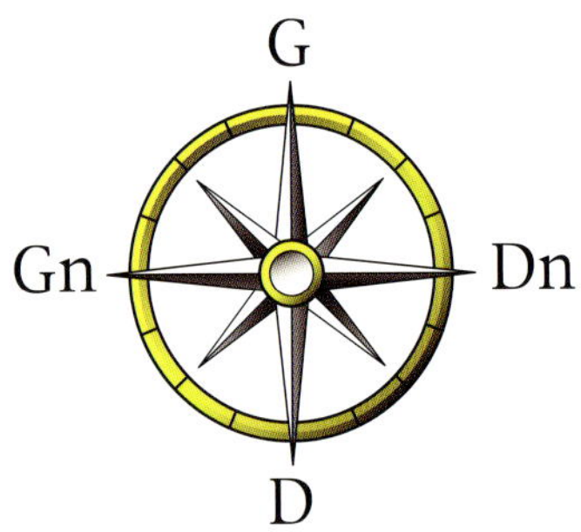

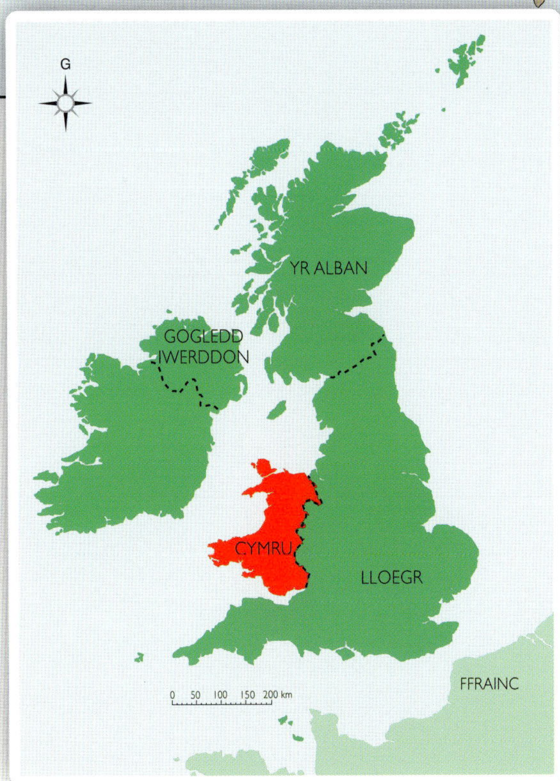

gogledd **Yr Alban**

gorllewin **Iwerddon**

de **Ffrainc (Y Sianel)**

dwyrain **Lloegr**

Baner Cymru

coch rhywun dewr, cryf

gwyn heddwch

gwyrdd gobaith, cariad

Teithio i Gymru

Mewn awyren

Mae pobl yn hedfan mewn awyren i Gymru.

maes awyr Heathrow

Weithiau mae pobl yn hedfan mewn awyren fawr i Heathrow yn Lloegr.

Weithiau mae pobl wedyn yn hedfan mewn awyren fach i Gaerdydd yng Nghymru.

Mae pobl hefyd yn hedfan o'r Alban ac Iwerddon i faes awyr Caerdydd.

maes awyr Caerdydd

Ar y fferi

Weithiau mae pobl yn teithio ar y fferi i Gymru.

Mae pobl yn teithio ar y fferi i Abergwaun, Caergybi a Doc Penfro.

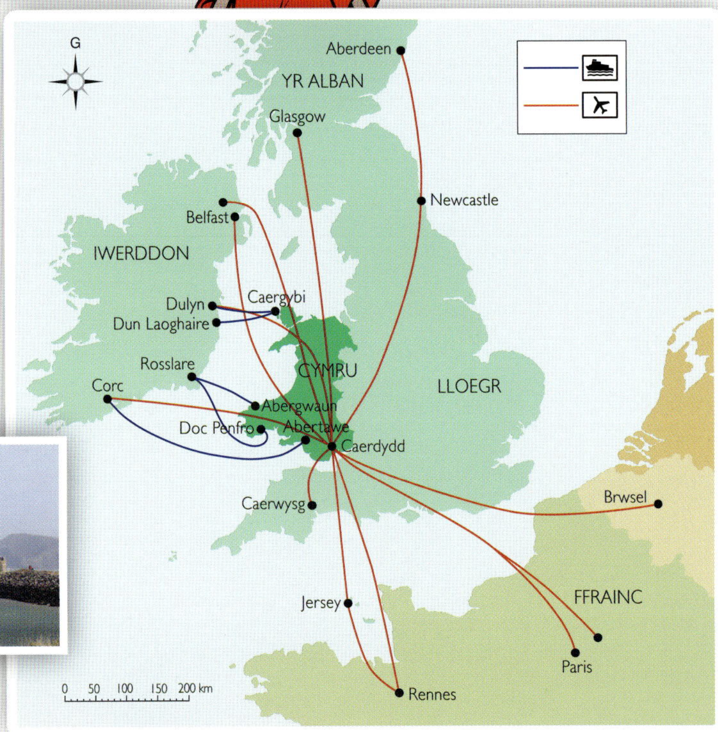

Mewn car

Mae pobl yn teithio mewn car i Gymru.
Mae pobl yn teithio yma ar hyd yr A55 yn y gogledd a'r M4 yn y de.

Mae pobl yn croesi Pont Hafren i Gymru.

Ar y trên ac ar y bws

Mae pobl yn teithio ar y trên i Gymru.

Mae pobl hefyd yn teithio ar y bws i Gymru.

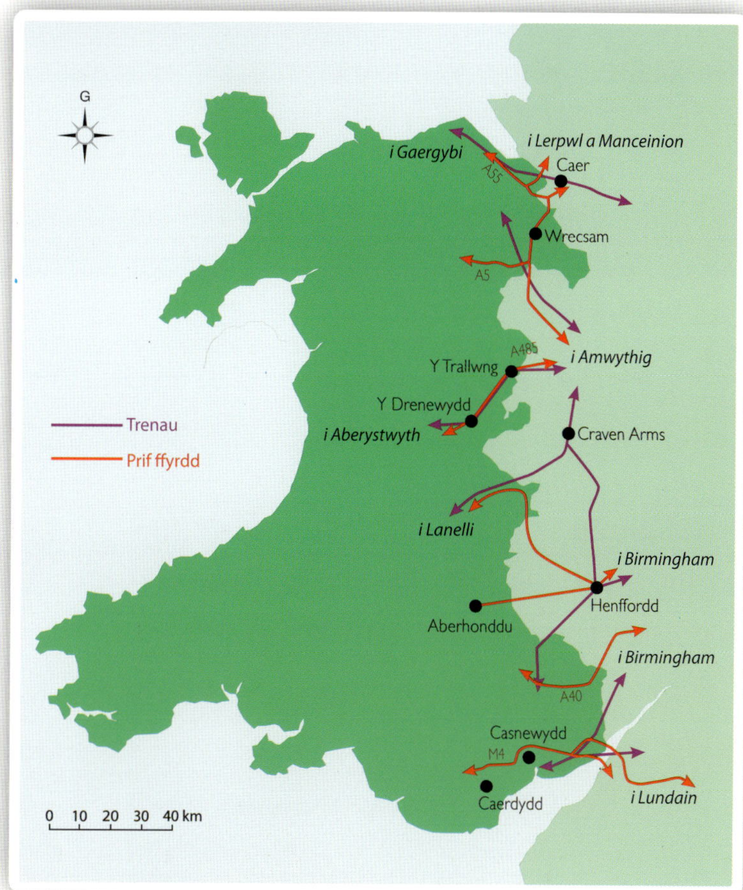

Teithio yng Nghymru

Mae pobl yn teithio mewn car, ar y bws neu ar y trên yng Nghymru.

Mae llawer o bobl yn teithio mewn car achos does dim trên na bws mewn tref neu bentref.

Mae pobl yn teithio ar y bws CymruExpress o'r gogledd i'r de.

Mae'r bws yn mynd o Fangor i Gaerdydd mewn tua 8 awr.

Mae rhai pobl yn hedfan mewn awyren fach yng Nghymru.

Mae pobl yn hedfan o faes awyr Môn (yn y Fali) i faes awyr Caerdydd.

Mae'r awyren yn hedfan o'r Fali i Gaerdydd mewn tua awr.

Beth sy yng Nghymru?

afon

Afon Conwy

llyn

Llyn Efyrnwy

traeth

traeth Porth Tywyn

ynys

Ynys Enlli

mynydd

Cadair Idris

coedwig

Bwlch Nant yr Arian

bae

Bae Ceredigion

penrhyn

Penrhyn Llŷn

Sut le ydy Cymru?

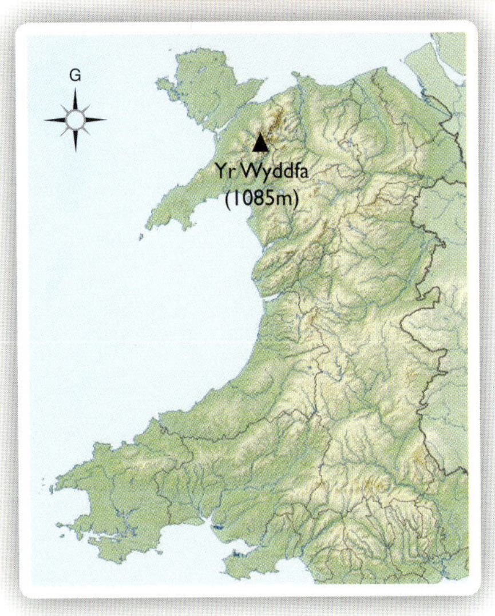

Yr Wyddfa (1085m)

Mae tir uchel yng Nghymru.

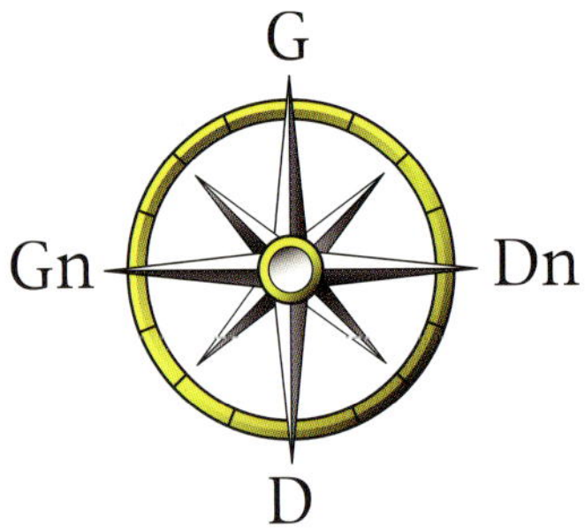

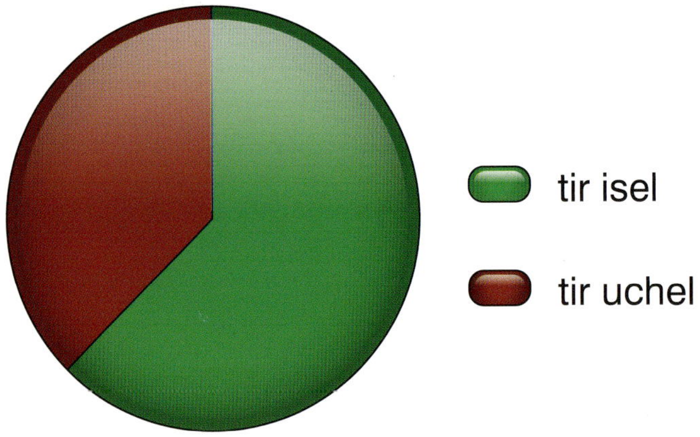

Mae mynyddoedd uchel iawn yng ngogledd Cymru. Enw'r mynyddoedd ydy Mynyddoedd Eryri.

Mae mynyddoedd uchel hefyd yn y canolbarth. Enw'r mynyddoedd ydy Mynyddoedd Elenydd.

Hefyd mae mynyddoedd uchel yn y de. Enw'r mynyddoedd ydy Bannau Brycheiniog.

Mae coedwigoedd yng Nghymru. Mae Coed y Brenin yng ngogledd Cymru yn enwog.

Bannau Brycheiniog

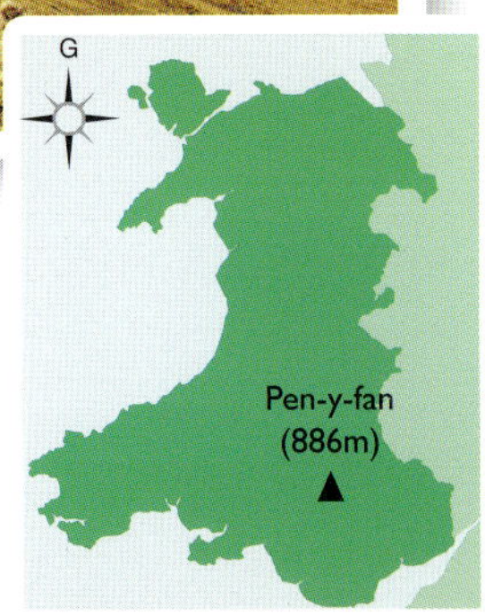

Traethau

Mae môr o gwmpas y rhan fwyaf o Gymru.

Mae tua 2120 km (1317 milltir) o arfordir gan Gymru.

Mae traethau yng Nghymru.

traeth caregog

traeth tywod

Ynysoedd

Mae ynysoedd hefyd yng Nghymru.

Ynys Sgomer

Ynys Echni

Ynys Bŷr

Ynys Llanddwyn

Ynys Môn ydy ynys fwyaf Cymru.

Mae llawer iawn o adar pâl ar Ynys Seiriol.

Puffin ydy'r pâl yn Saesneg.

Puffin Island ydy enw Saesneg Ynys Seiriol.

Afonydd

Mae llawer o afonydd yng Nghymru.
Maen nhw'n llifo i'r môr neu i afon arall.
Aber = lle mae afon yn llifo i'r môr neu i afon arall.
Dyna pam mae llawer o enwau lleoedd yng Nghymru yn dechrau gydag 'Aber'.

Mae Afon Tawe yn mynd i'r môr yma.

Mae Afon Conwy yn mynd i'r môr yma.

Mae Afon Hafren, Afon Gwy ac Afon Dyfrdwy yn afonydd mawr ac maen nhw'n cychwyn yng Nghymru ac yna'n llifo trwy Loegr.

Afon Tywi ydy afon hiraf Cymru. Mae hi'n tua 121 km (70 milltir) o hyd.

Mae afonydd Wysg, Conwy, Clwyd a Teifi hefyd yn afonydd eithaf hir.

Llynnoedd

Mae llawer o lynnoedd yng Nghymru.
Llyn Tegid yn y Bala ydy llyn naturiol mwyaf Cymru. Ei arwynebedd ydy 4.84 cilometr sgwâr.

Mae rhai llynnoedd wedi cael eu gwneud gan ddyn. Maen nhw'n storio dŵr.

argae = llyn wedi cael ei wneud gan ddyn i storio dŵr.

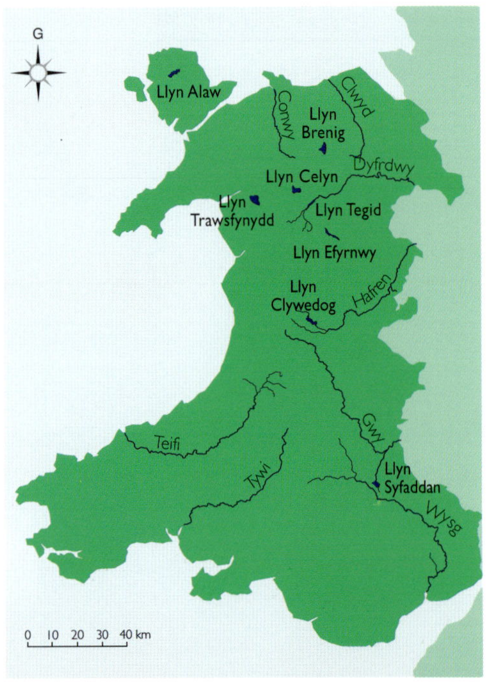

Mynyddoedd

Mae llawer o fynyddoedd yng Nghymru achos bod llawer o dir uchel yng Nghymru.

Mae 5 copa dros 1000 metr yn Eryri. Dyma rai ohonyn nhw: ⟶

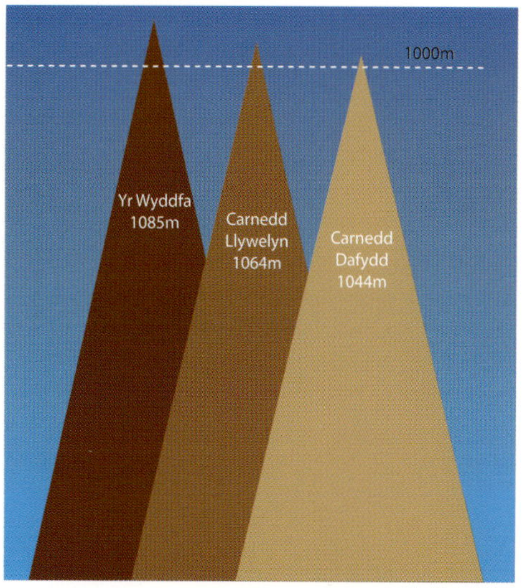

trên bach yr Wyddfa

Yr Wyddfa

adeiladu Hafod Eryri

Yr Wyddfa ydy mynydd uchaf Cymru - 1085 metr. Mae trên bach yn mynd i fyny ac i lawr yr Wyddfa. Mae canolfan groeso ar gopa'r Wyddfa, sef Hafod Eryri. Mae tua phum can mil (500,000) o bobl yn mynd i fyny'r Wyddfa bob blwyddyn!

Yr Wyddfa

Send | Chat | Attach | Address | Fonts | Colors | Save As Draft | Photo Browser | Show Stationery

To: Lliohaf@fastmail.com

Cc:

Subject: Yr Wyddfa

From: Anni Wyn <anniw@fastmail.com>

Helô! Dw i wedi cael diwrnod da iawn heddiw, ond dw i wedi blino. Dw i newydd gerdded i fyny ac i lawr yr Wyddfa. Gwelais y trên bach yn mynd heibio o bell. Roedd llawer o bobl yn cerdded ar y llwybr. Roedd y llwybr yn serth iawn weithiau. Es i i gaffi Hafod Eryri i gael bwyd a diod.

Roedd y tywydd yn braf, a'r haul yn gynnes. Roedd golygfa wych o'r copa. Gwelais Iwerddon ac Ynys Manaw! Gwelais yr afonydd a'r llynnoedd a'r creigiau o ben yr Wyddfa. Roedd popeth i'w weld mor fach. Wyt ti wedi cerdded i fyny'r Wyddfa? Edrych ymlaen i ddangos y lluniau i ti.

Hwyl am y tro,

Anni

Ble mae pobl yn byw yng Nghymru?

Ar yr arfordir

Aberdyfi

Yn y wlad

Ceri

Yn y dref

Dinbych

Mewn dinas

Casnewydd

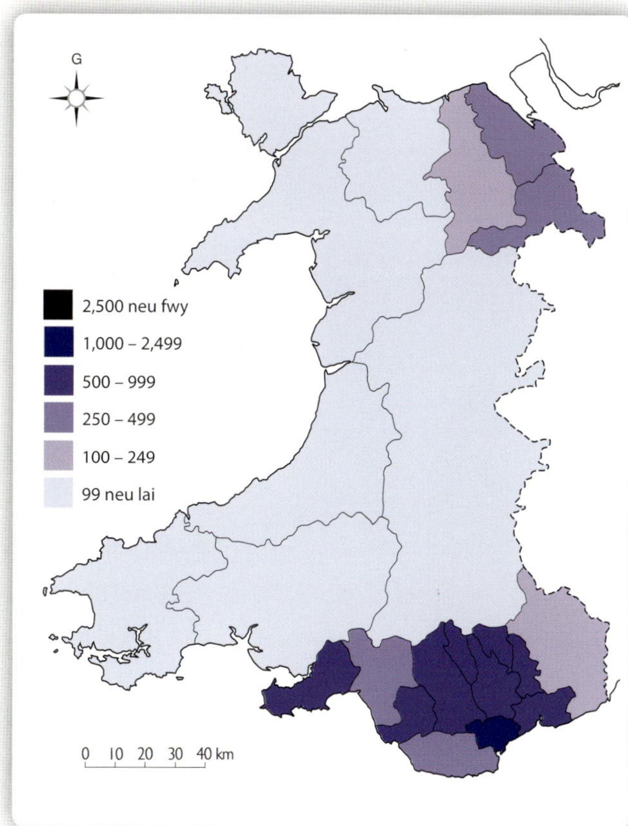

Mae llawer o bobl yn byw yn ne-ddwyrain Cymru.
Maen nhw'n byw yng Nghaerdydd, Casnewydd, Abertawe a'r Cymoedd.

Mae pobl hefyd yn byw mewn pentrefi yn y wlad ac ar yr arfordir.
Mae llai o bobl yn byw yn y pentrefi.

Pentref ym Mhenrhyn Llŷn yng ngogledd-orllewin Cymru ydy Abersoch.
Mae Abersoch ar yr arfordir.

Mae ysgol gynradd yn Abersoch.

Does dim llawer o siopau yn Abersoch. Mae miloedd o bobl yn dod i Abersoch yn yr haf. Pam?
Mae Abersoch yn hyfryd. Mae traethau da yno.
Mae gŵyl fawr yn Abersoch yn yr haf, sef Wakestock.

Abersoch

Mae pobl yn byw yng Nghrymych. Pentref bach yn y wlad ydy Crymych.
Mae ysgol gynradd ac ysgol uwchradd yno.
Mae capel a neuadd yno hefyd.

Crymych

Mae llawer o bobl yn byw mewn trefi yng Nghymru.
Tref ar yr arfordir yng ngorllewin Cymru ydy Aberystwyth.

Mae traeth da yn Aberystwyth ac mae pobl yn hoffi nofio yn y môr, chwarae ar y traeth a cherdded ar hyd y prom.

Mae castell yn Aberystwyth. Cafodd ei adeiladu yn 1277.

Mae prifysgol yn Aberystwyth.

Mae llyfrgell fawr iawn yn Aberystwyth - Llyfrgell Genedlaethol Cymru. Mae llawer iawn o hen, hen lyfrau, lluniau, mapiau, ffotograffau, cerddoriaeth a ffilmiau yno.

Mae twnnel o dan y ddaear ger y llyfrgell! Roedden nhw'n cuddio lluniau, llyfrau a llythyrau gwerthfawr yno amser yr Ail Ryfel Byd.

Ond hefyd mae trefi newydd yng Nghymru. Mae Cwmbrân yn dref newydd. Mae Cwmbrân yn ne-ddwyrain Cymru. Mae Cwmbrân 5 milltir i'r gogledd o Gasnewydd.

Harri: Pam mae Cwmbrân yn dref newydd?

Anna: Cafodd tref Cwmbrân ei chreu o'r newydd yn 1949 achos roedd gormod o bobl yn byw ac yn gweithio yn y ddinas, sef Casnewydd.

Harri: Beth ddigwyddodd?

Anna: Fe wnaethon nhw gynllunio'r dref ar gyfer 55,000 o bobl. Fe wnaethon nhw adeiladu 9527 o dai, canolfan siopa newydd, 250 o siopau, 4 maes parcio, swyddfa bost, gorsaf bysiau, rheilffordd, archfarchnad, Tŷ Glyndŵr (swyddfeydd), canolfan adloniant ac ysgol uwchradd.

Harri: Waw! Hoffwn i fynd i weld Cwmbrân!

Mae 6 dinas yng Nghymru, sef Caerdydd, Abertawe, Casnewydd, Tyddewi, Bangor a Llanelwy.

Mewn dinas mae eglwys gadeiriol. Mae eglwysi cadeiriol Cymru yn hen iawn.

Tyddewi

Mae Bangor mewn ardal hardd iawn ger Culfor Menai, Ynys Môn ac Eryri.

Mae ysgolion ym Mangor. Mae prifysgol yno hefyd.

Agorodd y pier yn 1896 ac mae'n 458 metr o hyd.

Roedd miloedd o bobl o Lerpwl yn dod yma ar longau stêm. Roedden nhw'n dod yma ar wyliau.

Pont Menai ydy enw'r bont o Fangor i Ynys Môn. Thomas Telford adeiladodd y bont rhwng 1819 a 1826. Roedd llongau mawr yn gallu mynd o dan y bont.

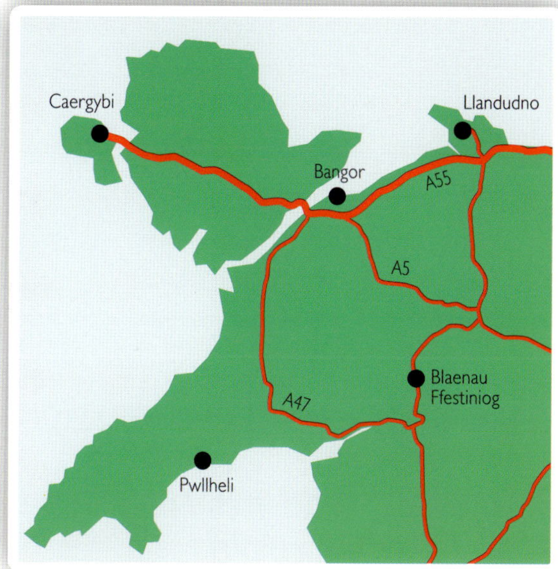

Pont Menai

Byw yn y brifddinas

Caerdydd ydy prifddinas Cymru.
Mae dros 330,250 o bobl yn byw yn y brifddinas.
Mae Caerdydd yn ne-ddwyrain Cymru.
Mae rhai pobl yn byw yng nghanol Caerdydd.

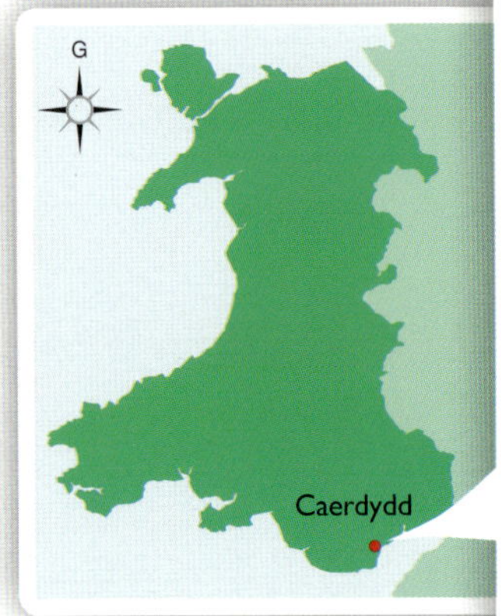

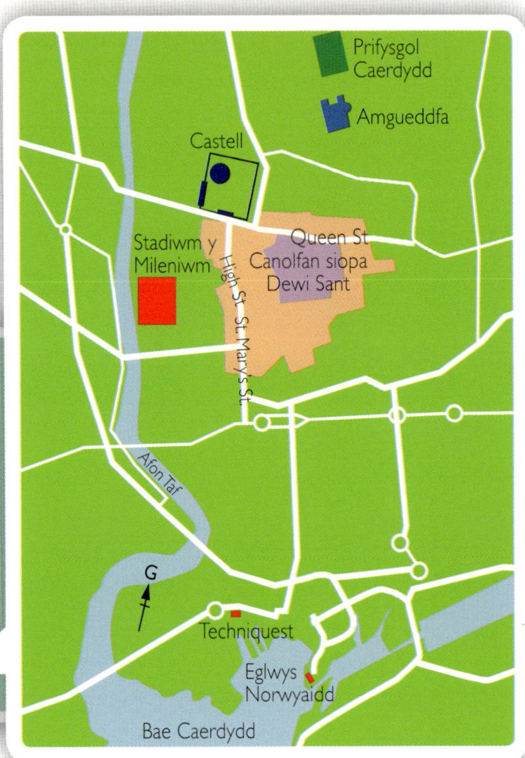

Mae pobl yn hoffi byw yng Nghaerdydd achos bod llawer o bethau i'w gwneud.
Mae Caerdydd yn lle da i siopa, mwynhau carnifal, gwylio rygbi, sglefrio iâ a mynd i weld sioe.

Mae Caerdydd wedi newid llawer.
Yn y dociau nawr mae'r Senedd, Canolfan y Mileniwm, porthladd a gwestai.

Bae Caerdydd yn y 1940au

Bae Caerdydd heddiw

Amser i ymchwilio!

Sut mae teithio i Gymru?

Sut mae teithio yng Nghymru?

Beth sy yng Nghymru?

Beth ydy enw mynydd uchaf Cymru?

Beth ydy enw afon hiraf Cymru?

Wyt ti'n cofio pam mae llawer o enwau lleoedd yng Nghymru yn dechrau gydag 'Aber'?

Pam mae llawer o draethau yng Nghymru?

Beth sy ar Ynys Seiriol?

Ble mae pobl yn byw yng Nghymru?

Sut mae pobl yn teithio yn eich ardal chi?

Beth ydy uchder y mynydd agosaf atoch chi?

Beth ydy enw'r afon agosaf atoch chi?

Oes enw lle yn dechrau gydag 'Aber' yn eich ardal chi?

Ble mae'r dref agosaf atoch chi?
Faint o bobl sy'n byw yno?

Pa fath o draeth ydy'r traeth agosaf atoch chi?

Oes eglwys gadeiriol yn eich ardal chi? Pwy adeiladodd yr eglwys?